물결 무늬

빛남시선 171

# 물결 무늬

## 김 흥 규 제8시집

빛남출판사

빠르고 정확하게 그려지는
바람의 무늬
금방 지워지고는
아무 일 없었던 것처럼
이내 조용해진다

세상 이치가 그러한데

땅바닥보다 더 낮은 곳
세상 다 품고 사는
물 바닥 같은 존재로 살자면서도
물결무늬 같은 한 줄의 흔적을 남기려
고통을 견디며 밤을 지새우고 있다

2025년 9월

김 흥 규

## 7부

1부

# 소식

새벽녘
까작까작 짖는
까치 소리

당신 생각에
명치끝에 이는
바람 소리

냉방에서
뜬눈으로 밤새운
내 가슴앓이

# 봄의 전초전

겨울내
냇가 시린 물속에서
바위를 짊어지고 있던 가재
집게발로
겨울을 밀어내고

세 치 얇은 땅속에서
동면하던 개구리들
봄바람보다 더 경쾌한
휘파람 불며
봄을 불러오고 있다

털모자 눌러쓴
버들강아지
슬그머니 냇가에 나앉아
빼꼼히 눈 뜨고
봄을 염탐하고 있다

이제 곧
봄 전쟁이 치열하게 치러진단다

# 봄이 오는 소리

새벽 물안개 가르며
자갈밭 맨발로 달려오는
시린 파도 소리

삭풍을 피해 낙엽 속에 엎드려
맨발 얼어 터지며 삼동을 견뎌 온 쑥부쟁이
얼굴 내밀며 빵긋이 웃는 소리

은밀하게
립스틱 짙게 바르고
마실 나서는 홍매 귓불 붉어지는 소리

홀쳐맨 적삼 안섶 안에
누이가 숨겨 놓은
파란 그리움이 꽃잎으로 피는 소리

봄을 불러 모으는 지금은
한순간도
천금 같은 시간이다

# 3월, 창가에서

어두운 가슴으로
무지개의 그리움을 키우며
회색 하늘 무겁게 이고
시린 겨울을 건너갑니다

아침 창가에서
수정 같은 이슬비가
차가운 겨울을 닦아 내며
삼동과 이별을 고합니다

하늘 열고
봄바람 불어 넣습니다
굳어 있던 땅을 녹이고
가지 끝에 감고 있는 초록 눈 깨웁니다

껍질 속에 웅크리고 있던
까만 씨앗들
파릇파릇
일제히 일어납니다

# 꽃이여 어서 오시게

하얀 눈 속에서
복수초 오금 펴고 일어설 때
시린 발자국 따라
가랑잎 쓰고 살며시 오시게

야윈 햇살 한 줌 얻으려
양지에 쭈그려 앉아 있는 산수유
노란 날개깃 사이로
바람으로 숨어서 오시게

해마다 이맘때쯤
봄바람 산등성으로 넘어오면
너를 기다리며 설레는 내 마음
붉은 꽃망울로 부어올라 눈물이 맺힌다

# 영춘화

응달에 아직 잔설이 숨어 있다고
지나가는 바람 눈물 찔끔거리며
전해 주는 소식에
귓바퀴가 몹시 시리다

작년 봄 해 질 녘
훌쩍 떠나가 버린 영춘화
기별도 없이 갑자기
비에 흠뻑 젖어 돌아왔다

혹독한 겨울을 어떻게 넘겼는지
묻지도 못하고
반가움이 울컥해 웃음도 삼키고
가슴만 크게 벅차올랐다

기다림은
애간장을 삭히는 숙성기간이었다

# 쫓겨가는 겨울

얼추 녹은 얼음을 깔고 앉아
손끝에 추위를 쥐고 있는
겨울 기세에 눌려
낙엽 아래 잠복한 봄의 전령들
여태껏 못 일어서고 있다

가시덤불 아래 복수초
살며시 고개 내밀어
아지랑이 불씨 살아났는지
민둥산 잔디밭을 관찰하고는
부리나케 봄 전령에게 신호를 보낸다

일제히 일어난 바람
우 우 소리 지르며 동산을 넘어와
사방팔방으로 쫓아다니며
구석구석 숨어있는 겨울
모조리 쓸어 낸다

봄은
해마다 산만한 바람을 몰고 와
차디찬 겨울을 쫓아 버리고 있다

# 까치공원

말라비틀어진 겨울 그루터기
송두리째 뽑혀 나가고
아직 겨울 부스러기
엉거주춤 남아 있는 맨땅으로
꽃모종들이 상자에 담겨 막 도착했습니다

유치원 아이들 입학식처럼
올망졸망 모여 앉아 낯설어합니다
반듯하게 줄 세워
자리 잡아 고이 앉히자
예쁜 얼굴에 방긋방긋 웃음입니다

안 골목 사글세 집까지 찾아와
진한 봄 향기 한 보따리씩
이사 선물로 들여놓으며
우리 오늘 까치공원으로 이사 왔어요
인사도 깍듯이 합니다

마실 갔던 까치 부부 달려와

인심 좋은 우리 동네로 이사 잘 왔다며
환영 인사가 떠들썩합니다
마을 가득 햇볕이 따스하게 퍼지고
골목마다 봄날이 활짝 웃습니다

# 참새 가족

어스름 창문에 커튼 칠 때면
하얀 탱자꽃 울타리에
포르릉포르릉 참새떼 날아와
가지 사이사이에 잠자리를 폅니다

바람 잘 날 없는 대숲에서 겨울나고
따스한 봄날 탱자나무 울타리로 이사 왔습니다
위층은 엄마 아빠가 차지하고
아래층엔 나랑 언니 동생들 방입니다

탱자나무 울타리
뾰쪽뾰쪽 가시로 장식되어
올빼미랑 솔개가 침범 못합니다
우리 가족 마음 편히 쉴 수 있는

참 좋은 안식처입니다

# 삼매경에 들다

여태껏
물렁하던 일상 접고
뼈를 세우는 일이다

뾰족한 날 만들기 위해
수평과 수직의 정점을 잡고
선정에 드는 일이다

시리고 아림
그 이상의 세계
천공의 기를 모으는 일이다

낮춰 살자 하며
투명한 의지
우뚝 세우는 일이다

낮춤으로 자라난
물의 뼈
날개 없어도 비상하고 있다

# 노랑 합창단

너른 땅 다 두고
여름 내내
그늘, 게으르게 펴진
비탈에 붙어 서서

가녀린 허리
꼿꼿이 한 번 못 세우면서도
가시로 눈에 박히는
땡볕 모두 뒤집어쓰고

소슬바람 스산할 때는
낙엽 밟고 뒤따라가며
흩어진 햇살 모두 주워서
노란 음표 수만 개를
가슴에 고이 간직했다

겨울 삼동
북풍이 심하게 우는 날도
콧노래 흥얼거리며

어서 봄 오라고 오라고 재촉하더니

봄바람 살랑살랑
겨울 터는 날
고속도로 나들목으로
몰려나온 합창단

노란 함성에 천지가 환하다

## 2부

# 나팔꽃

태양이 새벽같이 일어나 눈 부라리면
밤새 어둠 더듬어 한 발짝씩 길 내고 있던 나팔꽃
천지를 다 가진 듯 양 귀에 입꼬리 걸고
긴장 푼 얼굴에 환한 웃음이 곱게 피어난다

높은 산봉우리에서 낮은 골짜기로
초록물이 철철 흘러내리는 무대 위로
합창단원들 나팔을 둘러메고 나서면
내 몸속 세포들이 모두 일어서서 펄펄 열광을 한다

대낮이 벌건 불덩이로 달아올라 주체 못하면
무대 위에 솟구쳐 오르던 푸른 환희들도 지쳐서
커튼콜 아무리 외쳐도 돌아오지 않고
혼신의 힘을 다하던 나팔꽃 단원들 기진맥진하다

바람 한 점 없는 무대 뒤풀이 탁자에 둘러앉아
뚝배기 멀건 국물 휘저으며 허기만 달랜다

# 박꽃

우리는 제비가 물어다 준 홍부네 집 씨앗이 아니고
대대로 내려온 조선 토종입니다
청빈하게 살아도 천성은 곱게 하라시던 조상의 가
르침에
척박한 땅에서도 부지런히 터를 넓힙니다

썩은 두엄 한 줌 배불리 먹지 못해도
황소 뿔 물러 빠지는 오뉴월 염천을 견뎌내며
끈질기게 줄기 뻗어 초가삼간 푸르도록
시원하게 덮어 가며 열심히 삽니다

해 지면 하얀 웃음 소롯이 피어나
화려하진 않아도 초가지붕 아담하게 장식해 놓고
푹신한 방석 위에 오종종 함께 앉아
반짝이는 별들과 청초한 꿈 얘기 밤새 나눕니다

곱게 치장하고 입에 침 발라 남 앞에 나서지 않아도
두루뭉술한 우리 형제들 일궈낸 결실로

박나물 푸짐하게 배가 부릅니다

오늘 밤도 얘기하느라 반짝반짝 별이 빛납니다

# 산포도

겨울 삼동 오그리고 앉아
심한 관절염 앓고 있던 순한 햇살들
초록 숲 만들기 시작하는 봄날
시곗바늘이 오후로 건너가 휘어지면
뻐꾸기 울음소리 꽃바람 등을 타고
산중턱으로 바삐 내려온다

은둔의 한 계절 속에서
지고하게 연마한 고도의 기술로
야윈 쥘손으로 허공을 건너며
푸른 꿈 펼쳐온 산포도
이파리 사이로 흐르는 하늘빛 담아
먼 나라 전설처럼 되살아 온다

늦골 사이로 거칠게 비켜 보낸 태풍
굽은 허리 겨우 버티며 가뭄도 이겨내고
산새 노랫소리 야생화 상큼한 향기
까만 진주알로 고스란히 익어가는 포도알
가득 따 한입 넣어 꾹 깨물면
새콤달콤한 우주가 온몸을 푸르게 적셔 온다

# 뒷거랑 소고

뒤뜰 사립문 열고 나가면
거랑 바닥에
조막만 한 돌 가득 깔려 있고
그 사이로 비밀스레 숨어 흐르는
청옥 같은 냇물이 사철 맑았다

아지랑이 따라나서서 진달래 개나리 꺾고
검정 고무신에 가재 몇 마리 담아
봄비 쫄딱 맞아 흠뻑 젖은 몸으로
자갈밭 자박자박 걸으며
개선장군처럼 우쭐대며 돌아왔다

소낙비가 세차게 내리는 어느 날은
거랑을 가득 메운 물줄기가
세기의 마라토너 아베베처럼
맨발로 앞서 뛰어가고 나는
떠내려가는 신발 따라 울면서 따라갔다

# 유월이 가는 날

한 해의 절반이 꺾어진 날
태양의 눈부신 환호가 뜨겁게 등을 찔러도
해바라기꽃 얼굴은 환한 웃음뿐이다

불쾌지수가 등을 깔고 무심하게 누운 오후
멀리 간 소꿉친구 온다는 기별에
소낙비 한줄기 눈 못 뜨도록 시원하다

골목길 모퉁이를 깎으면서
동구 밖 한걸음에 달려나가면
까맣게 가슴을 누르고 있던 어둠이 확 걷힌다

소나기가 씻고 간 앞산 머리 하늘엔
커다란 뭉게구름 두둥실
환한 꽃송이로 피어오른다

# 치자꽃

안개비가 얼굴 간지럽히는 유월 아침
꼭꼭 숨겨 두었던
향기 가득 찬 치자꽃 주머니
그만 열려 버렸다

마침, 허기진 비둘기 떼
고픈 입들이
화들짝 화들짝 날아들어
급히 쪼아 먹느라
인기척에도 태연하다

빗물에 얼굴 씻은 꽃봉오리들
천진난만한 웃음으로 끝도 없이 나오고
자꾸만 초록을 덧칠하고 있는
지금은
마냥 좋은 봄철이다

# 여름낮

눈도 못 뜨게
소낙비 한참 퍼붓고 나면
속 다 비운 먹구름
벙글벙글 꽃으로 핀다

금세 꽃구름 사이로
빛 한 필
길게 드리워
명지바람에 곱게 말린다

비 젖어 반짝이는
미루나무 꼭대기
왕매미 노래
한층 더 시원하다

# 무화과의 진실

허구한 날 입 꼭 다물고
푸른 꿈 열심히 키우며
속앓이하면서도 내색 한 번 않고
침묵으로 일관했었다

꽃보다 먼저 나와 열매인 줄 알고
성미 한번 급하다며 궁금했는데
열매 딴 자리가 꽃자리라고
증명해 주는 무화과꽃을 본다

암꽃과 수꽃이 필 때부터 구분됐거나
꽃 피고 열매 맺는 게 상식인데
꽃 없이 열매부터 달고 나와
무화과 이름으로 명명했나 했었다

까치 떼 설레발치며 진수성찬 하고 간 아침
몸속에 숨겨 둔 꽃 들키고 말았네
까치가 먹으려고 껍질 깐 열매 속에는
꽃 한 아름 안고 있었던 무화과 참 놀랍다

# 꽃구름

황소 뿔 물러빠지는
8월 염천이다
불쾌지수 가당찮은데
무심코 TV를 켰다
정치 뉴스에 짜증이 팍 났다

하늘도 오장육부가 뒤틀리는지
갑자기 천둥번개를 치며
소낙비 마구 쏟아붓는다
얼토당토 아닌 여의도 1번지 나으리들
싹싹 쓸어 내다 버렸다

정치사 응어리 풀어버린 하늘
평정 찾느라 한창 바쁘다
정성 들여 머리 손질해 화관으로 쓰고
어쩜 좋지 자꾸만 웃음이 번져
앞산 머리에 활짝 핀 꽃구름

세상에서 제일 큰 꽃송이

# 입추

초복 한 벌, 중복 두 벌
삼복 다 벗은 입추
밤이슬 젖은 눈으로 별을 헤아린다

숲속에서 놀던 햇볕
지금껏 못다 큰
뭇 생명을 다그치고

들숨 날숨 더운 여름은
땡볕 쓸어 모아
냇물에 흘려보내더니

여태 흐르던 비지땀
이제 뚝, 그치고
나를 두고 떠나는 여름을 본다

# 벌초하는 날

절기상으로 내일모레가 백로인데
하늘엔 뭉게구름 피어 목화밭 풍년이다
인심 후덕하다고 평소에 입방아 찧어 주던 이웃 덕에
후손들 객지에서 별일 없이 실하게 살다 모두 모였다
할머니 인심만큼이나 무성해진 잡초들
한 움큼 베기도 전에 걱정부터 앞선다

너른 선산, 예초기 소리 앞세워
벌떼처럼 달려들어 풀을 깎는 손자들
구슬땀 한나절 소나기로 퍼붓는 사이
산소는 깔끔하게 리모델링 되었다
구부정한 도래솔 사이로 명지바람 시원하고
뒷짐 진 할아버지 생전 모습으로
모시옷 말끔하게 차려입고 웃고 계신다

큰댁엔 모처럼 젯꾼들 한가득 잔칫집이다
외로움에 지쳐 있는 사랑채 툇마루에 누워
노을 베개 삼아 하늘 한 자락 끌어안고
흑백사진처럼 희미한 어릴 적 추억을 들추어 본다

## 3부

# 가을 편지

땡볕에 굽히고
해풍에 간이 밴
내 맘속 깊은 이야기

단풍잎에
빼곡히 담아

섬과 섬 사이를 돌고
해안 곡선 길 지나

구만리 먼
하늘 건너
무심한 네게로 보낸다

# 가을 단상

칠천펄* 가득 달빛 차니
만석을 얻은 것 같고
파도 소리 베고 누웠더니
열흘쯤 푹 잔 것 같다

옥녀봉** 아침 솔바람
시름 다 닦아 가니
푸른 하늘 구만리를
날아갈 것 같구나

* 경남 거제시 칠천도의 갯벌
** 칠천도의 최고봉

# 가을날

소슬바람이
무더위
설렁설렁 헹구고

청잣빛 오븐엔
가을이 잔뜩
붉게 익어가는데

뒷마당
감나무 홍시
다 물러 터져도

마냥 좋은 저녁나절

# 입추 아침

초복 중복 절기에 주눅들어
풀숲 그늘에서 혀 빼고 늘어져 있던 풀벌레들
지난밤 열대야는 더욱 길어 잠 못 들고
밤이슬에 멱을 감는 별을 보며 지새웠습니다

입추 아침에사 가을이 온다는 소식 들었습니다
아직도 태양이 뜨겁게 타오르는 건
이삭들 잘 여물고 과일도 잘 익으라고
지금껏 못다 큰 생명들 서두르라는 것이랍니다

저 들녘에 풍성한 추수를 준비시키고
뭉게구름도 조개구름으로 리모델링 서두릅니다
가을볕 제 몫 다하라 재촉하고
바람도 습기 털고 일어나 맑게 불어라 합니다

# 단풍이 들 때면

밭일 나갔던 누나
보리쌀 치대 씻으러 정지문 들어서며
건넛산에 벌써 단풍이 물든단다

아이고 어쩌노
없는 사람 지내기는 더운 날이 낫는데
할머니 걱정에도 불이 붙는다

바람에 업혀 온 옆집 개성댁
곪아 터진 마음 생채기에 피딱지 겨우 앉고
뿌린 씨 꽃피우려 안간힘인데

올겨울 엄동설한엔
끼니 그르지 않고 따신 밥 먹을라나
아랫목 이부자리는 편할는지

이웃 걱정에
우리 할머니 가슴 다 타 버리고
한 줌 재만 남겠다

# 입체사진을 만든 가을

안개, 하르르하르르
뽀얗게 피오르는 봄날
껍질 벗고 일제히 일어선 새싹들

풀벌레 사랑 노래 애절한 가을날
습기 털고 몸 닦은 푸른 잎들
볕에 뒤척이며 잘 익혀 놓았다

컬러 9도 어디 하나 나무랄 데 없이
인화시킨 선명한 입체사진
가을이 고스란히 통째로 살아 있다

# 가을맞이 무대

땡볕 뜨겁게 쏟아붓는 한나절
물 가득 담고 있던 먹구름
더위를 부수는 천둥소리에 놀라
소낙비 마구 퍼부어 천지가 깨끗하다

조개구름 가지런히 깔리면
미루나무 꼭대기서 짝을 기다리던
왕매미 노랫소리 잦아들고
정자나무 안고 돌던 그림자도 짧아진다

벌판을 정찰하는 고추잠자리 떼
붉은 꼬리로 여름 잔재를 쓸어 내는데
성급한 가을 무대는 벌써
귀뚜라미 노랫소리로 서막이 시작된다

# 짧은 한 생애

코끝을 스치는 찬바람 속
쬐끔 남아 있는 따스함이 모여
아지랑이는 동산에 불을 지피고

아침 안개, 숲에 스며들어
시야를 적시는 날
봄볕은 연한 꽃을 피웠다

눈녹색* 어린싹이
자꾸만 두꺼워지는 칠월
땡볕에 그을려 검푸른 여름도 넘기고

이제, 마르지 않은 유화 그림 같은
단풍으로 남아
한 백 년 살아도 좋으련만

한 생을 살아오며
천지를 달구었던 열정으로 얻은
땀에 젖은 금란가사 한 벌

훌훌 다 벗어 놓고
선정에 든다

＊눈녹색 : 새싹 또는 새잎이 나올 때 햇볕을 많이 받기 전의 아주
 연한 녹색

# 가을을 보내다

상강이 지나고
몇 차례 된서리 내린 아침
소슬바람
헐렁한 윗도리 안으로 들어와
온몸이 오싹하다

가지 끄트머리에서
아찔한 땅바닥으로 떨어지는
이파리들
붉게 멍든 아픔보다
가을을 떠나보내는 손이 슬프다

볕에 그을린 그늘
입었던 옷가지들 모두
훌훌 내려놓고
홀가분하게 앉아
내생을 꿈꾸며 삼매경에 든다

# 비타민 1

이미 당신은
내 뜰안에 뜬 달이 되어
다리를 놓아 기다리고 있습니다

어둠 속에 묻힌 밤이 되면
껍질 깐 빗방울 되어
가슴에 안겨 흠뻑 몸을 적십니다

사랑을 끓이다 지치는 날은
금빛 날개를 크게 펴고
노을 묻은 이야기 물어다 줍니다

여느 날과 달리 막연한 날은
젖내 나는 송아지로 울다가도
당신을 떠올리면 장미꽃이 핍니다

# 사거리 쌈지공원

종일 매연에
눈 따갑고 목이 칼칼해도
밤하늘 별빛이 반짝 건네줄
이슬방울 기대하며 견뎌 내는
키 낮은 꽃나무와 예쁜 꽃들이
방긋 웃으며 생동감을 잃지 않습니다

밤새 뜬눈 새운 신호등
깜박 졸다가
자동차 급브레이크 소리에
가슴 철렁 떨어질 때 있어도
건널목 건너는 발걸음들
질서정연하고 경쾌합니다

가로수에 둥지 튼 까치 부부도
아침저녁 깍듯한 인사가 반갑습니다

4부

# 주전골

여름 한철
절벽 끄트머리 힘겹게 붙들고 서서
해가림 해 주던 푸른 잎사귀들
햇볕에 얼굴이 벌겋게 익었다

가을 햇살 안고 평온하게 졸고 있는
주전골 깊은 골짜기
하늘도 아찔하게 높아
빼꼼히 내려다보고 있다

바깥세상은 까맣게 목이 타도
쉼 없이 솟아오르는 참물 샘 청량수
무릉도원 떠나기 싫어
속내 훤히 다 보이며 웅덩이를 맴돈다

수만 년 세월 보내며 완성한
기막힌 석부작 한 점
주전골
그냥 두고 가기엔 차마 발걸음 떨어지지 않네

# 고향 마을

새벽하늘이 빗장을 풀면
쪽빛 아침이 열리고
넓은 들 가로질러
유유히 흐르는 냇물 소리 맑다

고샅길 언저리마다
때 묻은 어릴 적 흔적이 있고
발뒤꿈치 물집 생길 때
자리 펴 쉬게 하는 그늘이 있다

너덜에서 삶을 뒤지다가
손마디 터지면
곱게 쓰다듬어 주는
따뜻한 이웃 할머니 약손이 있다

푸른 숲 깊은 골에는
사랑의 전설이 살아 숨 쉬는 곳
나의 영혼이 머물러 쉴 수 있는
아늑하게 둘러앉은 따뜻한 고향 마을

# 우리는 행복합니다

한아름 넘는 붉은 해
서산 넘어가고
신작로에 어둠사리 깔리면
종일 수고한 식구들 다 모입니다

피로가 묻은 먼지 툭툭 털고
엄청 오래 못 본 듯 반기며
환한 얼굴로 둘레상에 자리잡고
따뜻한 식사를 합니다

텃밭에 나풀대는 상추 한소끔
푸른 하늘 동그랗게 가둔 우물 속
첨벙 두레박 드러누운 참물로 헹궈
빡빡장에 쌈을 싸 피곤도 달게 넘깁니다

멀고 아득했던 길 위로
종일 따라다닌 그림자 접어
아랫목에 포근히 누이고
알토란 같은 꿈을 주워 담습니다

# 미소

마음 순수하고
생각이 맑은 사람이 품고 있는
아름다운 보석

따뜻한 가슴속
사랑으로 곱게 피어나는
싱그러운 꽃봉오리

깊은 골 옹달샘에
맑은 물로 솟아나는
상큼한 생동감

세상 사람들
어느 누가 주어도
싫지 않을 좋은 선물

# 동짓달 고향집

무리 지어 신작로를 달려온 바람
사립짝 밀고 들어와
안방 문 열어 달라 흔들어대면
닥나무 홑껍데기만 달랑 걸치고
창호 문 막아서서 아우성이다

찬 하늘에 새록새록 깨어난 별
뼈 시린 맨발로 쫓아와
아랫목, 자글자글 끓는 이불 속으로 들어오고
건너 삽살개 퍼지르는 소리
하현달 시린 볼 비켜 허공으로 날아간다

동네 고샅길 다니며
가랑잎 쓸어 내고 있던 삭풍
식어 가는 아궁이 불쏘시개 돋우러 가고
종일 냇가에서 얼음 지치던 아이는
문둥이를 피해 달리느라 잠꼬대 소란스럽다

# 비 온 뒤 굳어진 땅에 서다

가진 것 몽땅 날린
빈 몸뚱어리
다시 일어서려 이 악물고
발끝이 난간이고 절벽뿐인
돌밭에서 터 잡았습니다

척박한 곳에 콩 심고
좁은 땅에 호박 심어 땅 넓혀
벌 나비 불러들여 열매 키우며
배불리 살고픈 희망으로
시린 손 온갖 설움 참았습니다

새벽부터 늦은 밤까지
격동의 날을 날마다 넘기며
포기마다 땀 먹여
잘 여문 이삭, 잘 익은 과일 가꾸려
지칠 줄 모르고 일만 했습니다

이제, 고진감래 진국을 달게 먹으며
푸른 하늘에 꽃구름도 그리고 있습니다

# 보훈병원 5305호실

아흔다섯 김 할아버지는 육이오 참전 유공자
소나무 관솔 같은 육신에는 송진 냄새가 진하게 배
어 있다
간밤에도 빨갱이 토벌하느라 잠꼬대 몹시 심해도
반공정신만은 대꼬챙이같이 아직 꼿꼿하게 살아
있다

경찰 출신 이 반장은 폭력배 제압하다가
흉기에 크게 다쳐 생명은 겨우 유지했다는데
오늘도 잠복근무하다 강도 제압하는 소리에
간호사들 총출동 시킨, 경계의 눈은 항상 별빛이다

병실에서 제일 젊은 박 소방관은 불 끄는 작업 중
천장에서 쏟아진 불덩이에 깔려 저승 갔다 돌아왔
다는데
잠들면 사이렌 코를 골며 소화 작업하느라 요란
하고
황소개구리 울음 같은 신음에 언제나 병실이 소란
스럽다

입원 고참 최 하사는 해병대 출신, 병원 역사 해설
사 게시판이다
월남전에서 전과를 올려 화랑무공훈장 받았는데
고엽제 후유증으로 종합병원 짊어지고 있어도
한 번 해병은 영원한 해병을 자처하며 군가를 부
른다

오늘 밤도 모진 후유증을 감당 못해
몽유병 환자가 되어 그 옛날로 다시 돌아가며
국가 유공자의 무거운 명예를 짊어지고
아픔을 끌어 눕히며 조용하게 잠자리에 눕는다

# 헌 신발

어릴 적 냇가에서
송사리 몇 마리 담아 오는
고무신 속에서
오골오골 꿈도 참 많았습니다

황토고개 넘어
운동화 끈 졸라매고
책 보따리 무겁게 먼 길 걸으며
희망도 높이 키웠습니다

말쑥한 양복 입고
구두창 닳도록 넓은 세상 달리고
땀에 젖어 귀가하면
가족들 웃음이 따뜻했습니다

오늘은 노을 등지고 앉아
낡고 해진 흰 고무신 속
강마른 몸 내려놓고
하염없이 먼지만 털고 있습니다

# 버즘나무

지난겨울
한 줌 햇볕 얻으려
까풀막 한적한 양철지붕 사이로
마른버짐 핀 가난한 얼굴로
굽은 언덕길 올라갔었지

쉼 없이 부지런한 이웃에게
푸른 그늘 넓게 펴
손부채 열심히 흔들어
자고 있던 바람도 따라 일어나
여름밤 시원하게 눈 붙였다

곧 다가오는 세모에는
모진 한파 속에서도
걸쳤던 옷가지 다 벗어 던지고
땅속 깊게 뿌리박고 서서
새 나이테 하나 둥글게 새길 테지

# 석양에 도취되다

종일 하늘을 건너
서산으로 가던 태양이 지쳐
그만 강에 빠졌다
강물이 온통 뜨거운 핏빛이다

순간
화면이 정지되고
나는 돌부처가 되어
선사시대로 되돌아가

끊긴 필름을 잇는다
그러나
천지가 붉게 타버려 영상은 결국
복원되지 않는다

# 바다로 가는 이유

살면서
이런저런 일로 속 뒤집어지면
바다로 간다

낮은 곳에 앉아
온갖 땟국물 다 덮어써도
보듬고 보듬어서 가라앉히고

배 오갈 때
생살 찢겨 뼛가루 하얗게 뿌리며
푸르게 출혈이 낭자해도

세상사 다 그런 거라며
칼로 물 베듯
금방 가슴 펴는 바다

움켜쥐었던 손 꽃 피듯 풀어지고
모래알처럼 통째로 씻은 육신을 데리고
돌아오는 발길 바람같이 가볍다

# 故 김덕순 여사 영전에서

영국 속담에 아내는 평화를 짜는 사람
우리나라의 현모양처를 두고 하는 말이라 봅니다
1남 4녀의 어머니로
마을 이장댁으로는 착한 아내였죠

여명이 익어 석양이 되는 것은 하루면 되지만
어린애가 늙어 노인이 되는 것은
일흔 해가 필요하다고 합니다
생전에는 평범한 주부 같아서도
한 생을 살고 고인이 된 후에서야
평생을 긴장해서 녹지 않는 얼음으로
밤낮 눈을 감지 않는 물고기로 살았다는 걸 알았습
니다

자녀들 가르침엔 혹 다툼이 생길 때는 져야 하고
내가 베풀면 언제든 곱이 되어 돌아온다는 이치
세상엔 절대 공짜가 없다는 걸 인지시키고 또한
내조하는 아내로서 밤마다 애드벌룬처럼 등불을
밝혀 보살피며

생소하던 새마을 사업이 난관에 봉착해도
방법이 없으면 찾으면 되고
길이 없을 땐 만들면 된다는 신념을 심어 줬습니다

때론 진실이 아닌 소문을 들으면 두고두고 삭혀
식혜로 만들어 이웃과 나누며 다정했습니다
어질고 현명했던 조선의 여인이여
삼가 명복을 빌며 슬픔을 함께합니다

*故 김덕순 여사 : 박인수 회장의 배위配位 씨며 2025년 8월 4일
향년 91세로 별세하셨다.

# 향인회 고 박인수 창립회장

천리 어둠길도 지척인 양 달려오게 하는 마력을 발
휘하여
숲 많고 골 깊은 내 고향 임곡마을
한창 어려운 보릿고개인 4월 셋째 주일 날
항시 춥고 허전한 객지에서 일벌처럼 사는 향인들
한데 모았다

살다가 앞이 막히면 고향 아제 형들께 물어서 하고
좋은 일 축하해 용기 돋우고 궂은일 위로해 희망을
주자
각자 다른 생각들을 쪼개서 공구고
둥그스름하고 두꺼운 뚝을 쌓고 모태를 만들었다

남녀노소 다모여 축제 한마당 좋을시고
막걸리 한 사발도 형님 먼저 아우 먼저
푸짐한 잔칫상에 인정이 불룩해서
천석꾼도 부럽잖고 두둑한 배짱도 세웠다

행여 슬프고 힘들 땐 고향을 새겨 이겨내자며

풍물이 달려 나와 소리 높여 앞장을 선다
어깨춤을 들썩이며 육자배기 한 소절 목청 높아지면
무논 개구리도 신명이 나서 논두렁길 나선다


　오늘도 정성을 다해 향인들 삶을 축복하고 응원합
니다




* 창립총회 2003년 8월 16일 임곡향인회

## 5부

# 비타민 2

때로는 내가 길 잃고 갈피 못 잡아
당신 가슴을 아리게 해도
가만히 내 곁에 다가와
삶의 지혜를 알려 주는 이정표입니다

가끔 힘에 부쳐 휘청거릴 때면
어디라도 주저 없이 달려와
나를 버티게 해 주는
든든한 지주대입니다

짧아져 가는 노을길에서
웃음꽃 피우고 있는 당신을 떠올리면
내 영혼 싱싱하게 되살아나
세찬 물결 거슬러 오르는 물고기가 됩니다

언제나 당신은
나의 기둥이고 희망입니다

# 유채꽃밭

햇살 쫘악 깔린 유채밭
꽃물 흠뻑 든 노랑나비 떼
아지랑이에 취한 봄날과 어울려
마냥 노닥거리고 있다

연인들은 둥둥 풍선이 되어
샛노란 꽃밭 속에서
들뜬 바람과 춤을 추다
유채밭 액자 속에 갇혔네

꽃밭엔 온통
향기에 취하고 봄날에 취한
상춘객들이
꿈속을 자꾸만 헤매고 있다

# 징검다리에 쌓인 발자국

담상담상 놓인 돌다리
허공을 건너가는
물속의 그림자가 위태롭다

앞서 건너간 흔적 따라
눈대중으로 잰 잣대로 끌어당겨
끊어진 길을 만든다

납작한 등을 되밟으며
지나가는 발자국들
굳은 돌다리 길 건너간다

건너와 되돌아보면
다시 끊어진 아득한 길
잔영들이 잔뜩 긴장해 있다

# 가을 하늘

꽃구름으로
뽀드득뽀드득 닦아 논
가을 하늘

시리게 푸른 유리창
햇살에 부딪혀
쨍그랑하고 깨진다

천지 사방으로
흩어지는 유리 파편들
눈을 찔러 몹시 아픈데

잘 익은 알밤 한 섬
내 가슴으로
소롯이 쏟아진다

# 껌

선천적으로
반듯한 성격에 꼿꼿한 나였지
어느 날 옷 홀랑 벗기고
허리 모질게 꺾고
통째 한입으로 넣어버렸지

달콤한 사랑을 한답시고 나를
어금니로 잘근잘근 씹어
흐물흐물할 때까지
단물 다 빨아먹고
불구대천 원수처럼 뱉어버렸지

진정, 난 곧이들었다
날 사랑한다는 말
그래 갈 데까지 가 보자
밟힐수록 모질게 들러붙으며
나의 집착을 보여줄 테야

# 쟁포 앞바다

누가 바다에 푸른 물감을 풀었나
파도의 이랑마다 저렇게
은가루를 눈부시게 뿌려 놓았나

사나운 파도가 죽었다가
되살아나고, 되살아나서
나의 과거를 되새김질하는데

수평선은 수평선을 지우고
심해에 빠져 있던 나의 고독은
바다의 깊이만큼 침묵한다

밤의 울음은 칠흑 같고
어둠은 얼마나 숙성시켰길래
이토록 장엄한가

내 생애를 심어 놓은 바다여
평생을 경작하고 있는 바다여

파도는 오늘도

은빛으로 눈부시게 반짝이고 있다

# 기도하는 날

세속의 모진 바람에 절은 몸
안개 자욱한 무풍한솔로 들어서니
죄지은 양 위축된 몸 물먹은 솜 됩니다
간밤 솔잎이 꿴 은구슬 떨어질세라
영축산 초록 바람도 조심스레 흘러내립니다

도처에 허물어진 수많은 마음 마음들
황장목 팔 벌려 반기는 사이로
종종걸음으로 마음이 더 바쁩니다
대웅전 너른 품에 머리 꿇어 숙이고
헝클어진 마음의 뼈 단단히 곧추세우려 합니다

두 손 가슴에 모으고 기도를 합니다
세상 다 내 것으로 채우려고
비는 것이 아니라 이제부터 하나둘 비우겠다는
해 달라는 구걸이 아니라 하겠다는 선언이며
모자람에 불평 아니고 있음에 감사함입니다

우렁찬 범종 소리에 화엄 세계 깨친 듯합니다

* 84

무겁게 안고 있던 근심 모두 내려놓고

가부좌 풀고 일어나 일주문을 나섭니다

말씨는 뿌린 대로 마음씨는 심은 대로 삶이 달라
진다며

청류동천 말랑말랑한 물도 단단한 뼈 세웁니다

# 설법을 듣다

넓은 지산뜰
수만의 발걸음들이 무겁다
우뚝, 중천에 올라선 태양
잘 들어라, 진정한 삶을 얘기하겠다


지난밤 번개 치고 천둥소리에 숙여 있던 얼굴들
일제히 눈을 감고 조용히 경청한다
달포가 넘는 지난 가뭄 때 물 한 모금 시원케 못 마
셨고
이번 장마엔 햇볕 한 줌 쥐기 힘들었다


삶은 온갖 시련을 겪어도 강한 의지로 이겨내는 것
이다
이제껏 견뎌내며 무사히 오늘까지 왔으니 가슴 뿌
듯하지
모두들 장하다 장해
태양의 명강의는 끝나고 맑은 햇살 아래


어둡던 얼굴들이 해바라기꽃처럼 한결같이 환하다

# 영축산 숲길

영축산 숲길을 걸으면 언제나
처음 걷는 길처럼 마음이 설레고
적멸보궁 도량에는 자장율사 법문이
나의 이마에 오래 머문다

영축산 숲길 끝에는 내 생애의 끝처럼
깨닫지 못한 아득한 뉘우침이 있을까
걸을 때마다 물어보는 숲길
천 번 묻고 또 물어도 대답 없는 숲길

생애의 남은 하루가 저물고
저무는 하루를 멀리 저 멀리
세상에서 가장 멀리 보는 눈으로 바라보는 숲길
나중에 아주 나중에

끝까지 세상에 없는 눈이 될 때까지
바라보는 영축산 숲길

6부

# 눈꽃

선달 초사흘 늦은 밤
갑자기 대설 특보가 전국에 내려졌다

컬러 색깔 난무한 흑색 전단지랑
방방곡곡 흩어져 주워 담을 수 없는 유언비어들
소복소복 함박눈을 덮어 설국을 만들려 한다

뽀드득뽀드득 유리창 닦듯 새길 낼 때
온몸 얼어도 땀흘려 이겨내고
철퍽거려 불편해도 중단하지 말자

겉도 속도 하얀 눈꽃을 피웠다가
혹한의 겨울 넘기고 새봄이 돌아오면
네 마음 내 마음 하나로 섞어서 힘을 합치자

함박눈 펑펑 내려 천지가 변했다
눈꽃은 푹푹 살이 쪄 세상이 환하다
하얀 눈꽃 위에 이제 멋진 새 그림을 그리자

# 동기생 모임

양달령 소매 끝에
생굴같이 시퍼런 콧물 달고 다니던 머슴애
단발머리 짧은 치마
스타킹 신고 공주 같던 가시나
그동안 보고 싶었다며 목이 메어 반긴다

희수의 나이가 적지도 않는데
마음은 아직 팔팔한 십 대
졸업 시절 철부지 아이들이다
며칠 전부터 때 빼고 광내며
마음 설레 밤잠을 설쳤단다

젊은 시절에 병마로 간 사람
황당한 사고로 세상 등진 친구 얘기랑
추억은 하나같이 슬픔도 흥도 마냥 즐겁다
오르내리는 혈압 당뇨 삐걱거리는 관절
종합병원을 짊어지고 다닌다는 친구는
한 움큼 되는 알약을 먹으면서도 연신 좋단다

종일 떠는 수다에 뱃가죽이 금가도
하루가 너무 짧고 아쉽단다
각자의 보금자리로 돌아서면서는
건강 조심해라 당부는 필수 과목이다

오늘 같은 날 몇 번이나 더 있을까
생전에 또 만날 수 있을까
밤하늘 별을 보며 눈가에 이슬이 자꾸만 맺힌다

# 문화 탐방 가는 날

밤새 싸우던 삭풍과 혜풍
동녘이 밝자 은폐해 있던 삭풍 모두 쫓겨나고
겨울 삼동 회색빛 하늘, 오늘 아침엔
화색 좋은 얼굴로 환히 웃고 나왔습니다

자질구레한 세상사에 윤기를 잃어선가
좀처럼 풀리지 않는 화두 하나 가방에 넣고
털신 코끝 물고 있던 고드름 털어내며
외투 벗고 목도리 풀고 문화 탐방을 갑니다

경건한 마음으로 마음의 길 걷습니다
젊음은 여름날 소나기처럼 지나가고
처진 어깨를 누르는 바람도 무겁더니
겨울 잔영이 지워지고 어지럽던 생각들이
우수 얼음처럼 매끄럽게 풀립니다

아지랑이 불꽃에 봄날이 따스해져
노란 봄물 지천으로 번져갑니다

햇살이 양지에 앉아 조물조물 봄을 버무리는 지금은

한순간도 천금 같은 시간입니다

# 백두산 기행 13
– 백두산 천지

구불구불 가풀막 길
우리의 영산 백두산 천지를 오른다
알현하러 온다는 기별이 왔던가?

궁색한 살림살이 익히 알고 있는데
장롱 속 하얀 조선옷 정갈하게 차려입고
양 길가 도열해서 정중하게 나를 맞는다

척박한 붉은 화산길 비탈에 버텨 서서
양팔 크게 펴고 뒤꿈치 치켜들고
의기양양한 자작나무 우리 민족의 기상이다

겨레들 동포들 빈객 맞는 정성으로
굳어 있던 삶의 슬픔도 남김없이 털어내고
민족의 옛 상처엔 새살이 차오른다

삼백예순날 쓰고 있던 안개 벗고 나와
가슴 열어젖히고 속내까지 보여 주는 천지
얼마나 반가웠던지 심장마저 굳었다

조선 민족의 혼이 생생하게 되살아나
하얀 소망으로 기지개 켜고 일어서서
백두 열여섯 봉우리가 홰치며 하늘을 난다

# 백두산 기행 14
## – 시련 이겨낸 미인송

삼백 년 전쯤
솔 씨 몇, 바람에 날아가다 터 잡은 곳
하필이면 비옥한 땅 다 두고
자갈 많고 바람 센 곳에
뿌리를 내렸다

혈혈단신 의지할 곳 없는 고아
기아에서 살아남아야 한다는 굳은 각오로
산다는 건 버티는 그 자체라 단정하고
긴 세월 지나며 혹독한 추위와 더위
거센 바람과 폭설을 견디며 자리를 지켜왔다

버팀은 견딤을 넘어 내면을 성숙시키는 일
인고의 시간을 지나며 멋진 자태로 거듭나
장인 정신으로 살며 역경을 극복한
흠잡을 곳 하나 없이 걸작으로 빚어낸
천하일색 미인송, 미인송*

* 지역에 따라 달리 부르는 미인송의 명칭
  전북 남원–춘양목, 경북 울진–황장목
  강원 삼척–금강송, 북한 이북–미인송

# 지하철 예찬

밝은 눈빛으로 지하철 타러 갑니다
얼굴에 환한 웃음꽃 피우며
반갑게 맞이하는 이웃들과 함께
냇물이 흘러가듯 출근길을 나섭니다

아름다운 사람들을 만나려면
지하철을 타고 갑시다
상냥하고 반가운 얼굴들
언제 만나도 정다운 이웃입니다

노동이 끝나고 심신이 피로해도
훈훈한 인정의 단맛이 흐르는
분신들이 반기는 보금자리 생각하며
쾌적하고 따뜻한 지하철 타고 옵시다

하루가 빠듯한 우리들 삶에는
빠르고 정확한 지하철이 참 좋습니다

# 비 오는 날의 보안등

고슬고슬 짧은 파마머리 여인
종종걸음이 숨가쁘다
골목 모서리 눈 부릅뜬 보안등
잔뜩 긴장해 뒤꿈치 들고 섰다

혹시나 그림자 놓칠세라
고만고만 뒤따라가는 빗줄기
하얀 빗물로
카펫트를 깔아 논 골목길

늦은 저녁을 급히 준비하느라
뜨겁게 속을 끓인 양은 냄비 속
꼬들꼬들한 라면 면발로
서둘러 시장기를 달랜다

밤은 이슥한데
아랫도리 가누기 힘든 취객
갈지자 꼬부랑하게 쓰며
구성진 콧노래 가락이 길게 흐르고

따라가는 듯 서는 듯
망설이는 빗줄기
꼿꼿한 보안등 아래서
비틀거리고 있다

# 기도문

옹달샘 청량수
실개천을 더듬어 내려갑니다
흙바닥보다 더 낮은 물바닥을 찾아가듯


헐거워진 삶의 뼈 곧추세우려
부처님 전에 무릎 꿇고 엎드렸습니다


더 채우려 비는 것 아니고
하나둘 비우겠다는 명세입니다
모자람에 불평 아니라
이것만으로도 감사함입니다


헝클어진 마음 단단히 뼈 세우고
청류 동천 물 따라 내려옵니다


영축산 초록 바람이 가볍습니다

# 도시철도 서면역

뱃고동을 울리며 갈매기 데리고
파도 시원하게 헤치며 역으로 들어오는 전동차
덧문 열리고 차례로 출입문이 열리면
승객들 한꺼번에 쏟아져 내리고
쫓기듯 쫓아가듯 승차하기 바쁘다

차임벨이 울리고 조심스레 문 닫히면 전동차는
차창 밖 풍경 가볍게 밀며 황급히 내달린다
환한 객실 안엔 앉거나 서거나 모두 제자리를 찾아
얼른 평정을 이루는 승객들 하나같이
스마트폰 창 열고 열심히 작업을 시작한다

내려야 할 역과 갈 길을 찾느라 긴장한 얼굴들
어제 못다 한 업무를 정리하는 바쁜 손놀림
오늘 일과를 시간에 맞게 틀을 짜느라 골똘한데
바쁜 세상으로 힘차게 달려가는 지하철
평온해 보이는 객차 안은 치열한 삶의 현장이다

# 통도사의 범종 소리

수만 년 장엄하게 앉아 있는 영축산
통도사, 성지를 견고하게 세워 놓고
삼라만상의 근심 걱정을 헤아려
하루도 쉬지 않고 부처님 경전을 설하신다

내가 무거운 삶 지고 늪에 빠져
이정표도 가로등도 하나 없어
한 치 앞 보이지 않는 깜깜한
적막강산 가운데 갇혀 있을 때

돈은 떠내려갔지만
당신까지 떠내려가면 안 돼요
허수아비 된 내 가슴에 생명 심으려
아내는 연방 침을 꽂아댄다

반겨 오라는 곳 없고 찾아가 기댈 곳
없으니 밤낮으로
무쇠보다 무거운 신음 앓으며
희망도 지문처럼 쥐고 있을 뿐이다

금강계단 아래 무릎 꿇고 엎드려
어떡할까요? 어쩌면 좋겠습니까?
부처님 발끝에 매달려 저승을 오가며
땅바닥보다 더 낮은 물바닥에서 기도한다

범종 소리 궁 궁, 우렁차게 울리고
어떤 원력의 힘이 작용하는 듯
내가 무지몽매한 존재임을 자각하면서
천근에 짓눌렸던 실체가 허물어져 가벼워진다

고달픈 인생들이 가져오는 근심의 탈
허물처럼 벗겨 청류 동천으로 흘려보내면
병든 무의식에서 건강한 의식으로 회복되는 과정
힘겹던 긴 터널을 모두 빠져나오게 되는 것이다

본존께서는,
직원이 가져간 금전으로 목숨과 바꾸라 하신다
호되게 꾸짖던 부처님 말씀 뒤에는

내 생각을 제 자리로 바로잡아 주신다

험한 길 걸어오며 기로 설 때마다
범종 소리 울렸고 그때마다
수렁에서 빠져나오는 계시를 받았다

통도사 범종 소리
관세음보살 목소리였거나
부처님께서 가피를 보낸다는 전갈이 아니었던가?

여생이 다하는 날까지
화엄 세계에 꽃피우는 데 정진하리라
사과나무 묘목을 심으며 다짐한다

## 7부

# 3월

초록 세상을 만드는
지금은
한순간도
천금 같은 시간이다

# 바람 소리

가지 끝을 스쳐가며
비밀스런 그 소리

귀찮은 짜증일까
기쁜 노래일까

오늘도 나는
깨치지 못했네

# 열대야

밤새도록
지겹게 치대는 통에
잠 한숨 못 자고 날 새웠다

# 개나리꽃

가지에 그려 논
봄의 음표는

금종을 울리는
개나리 노란 화신입니다

# 명상

눈꺼풀에 붙는 떫은 잠
뿌리치고

세상일에 찌든 육신
가슴 활짝 열고 일어서서

내일이 환하게 펼쳐지는
천연색 나의 조감도

# 단풍잎

비 그치고
하늘이 참 맑다

가지 끝 쥐고 있던
빛 고운 단풍잎

손 놓고
안식에 들면

소슬바람 아우성이다

# 봄날

아지랑이 불꽃이
따스한 봄날

햇살은 양지에 앉아
조물조물 맛있게
봄을 버무립니다

# 번져가는 봄

장끼가 홰치며
겨울을 토해내면

황달을 앓고 있던 들판에
봄바람 휘젓습니다

노란 봄물 지천으로 번져갑니다
기어코 점령 당한 대지에는

울긋불긋 유혈이 낭자합니다

# 운동장

움츠렸던 어깨를 펴고
운동장 트랙 돌며
겨울을 털어내는
가겟집 주인아저씨
웃고 있는 입이
얼굴의 절반입니다

# 리모델링

몇 날 며칠
단도리에 지칩니다

어수룩한 틈 하나에도
한나절 손 빼앗기니

너덜너덜하던 상처는
깔끔하게 아물었습니다

생각보다 어줍잖게
수표가 많이 나갔습니다

아침에 일어나면
고급 꿈이 상쾌합니다

* 118

# 해녀

물질할 때는
곱다시
지느러미 없는
검은 물고기

1분 30초 만에
생과 사를 넘나든다

# 수선화

춘삼월 봄바람을
하마나 하마나 기다리며

꼬리 잘린 2월이
추위에 떨고 있다

상념에 젖어
고개 숙인 수선화

필까 말까 망설이며
눈치 살핀다

# 흙 내음 천지 속 언어의 산그늘에 파묻혀
– 김흥규 시의 세계

정 훈 (문학평론가)

김흥규 시인의 이번 시집을 관통하는 키워드가 있다면 단연 '자연'이라고 말할 수 있다. 사계절이 순환하면서 시시각각 달리하는 빛깔과 질감, 그리고 생동하면서 자라고 사라지는 수목과 꽃들의 형식이 소곤소곤한 풍경으로 그려내고 있다. 자연에서 나고, 자연에서 자라고, 급기야 자연으로 돌아가는 생명의 순환적 운명이 담겨져 있는 것이다.

시인이 거제 칠천도에 머물면서 가끔 부산에 들르면 보게 되는 단아한 '촌부'의 모습을 생각한다. 자연을 닮은 그의 모습이 시에서도 영락없이 형상화된다. 욕심 없이 자연이 드리운 그늘 아래서 자연이 품은 뭇 생명들과 함께 숨 쉬며 함께 뒹구는 일상이 고스란히 드러난 이번 시집은 그야말로 자연이 인간에게 붓을 쥐어 주면서 그린 한 폭의 정물화이다. 이 정물화를 들여다보면 자연이 배태한 씨앗이 자라 잎을 틔우고, 열매를 맺고, 마침내 꽃으로 변신해서 늦은 가을 속절없이 땅으로 지고야 마는 가랑잎의 퇴색한 모양과 함께, 하늘과 땅 사이 드넓은 공간에서 뛰놀다 해질녘 집으로 돌아가는 아이의 뒷모습처럼 정겨움과 그리움의 형식이 어른거린다. 시인의 유년 시절의 기억과 어우러져 시간의 등줄기를 타고 넘어온 한 인간이 흥얼거리는 노랫소리가 저녁 노을처럼 번지는 이번 시집의 첫 작품에 다음의 시가 나온다.

새벽녘
까작까작 짖는
까치 소리

당신 생각에
명치끝에 이는
바람 소리

냉방에서
뜬눈으로 밤새운

내 가슴앓이

　　　　　　　　　　－「소식」전문

　위 시의 제목을 '소식'이라고 했거니와, "까치 소리"가 불러일으키는 이미지를 연상한다. 까치가 한국인에게 어떤 심상을 주는 새인지는 굳이 묻지 않아도 될 것이다. 산속에서 들리는 까치 소리는 적막한 자연의 일상에서 별로 특별하지도 않을 '소음'에 지나지 않을지도 모르지만 한국인의 심성과 풍정(風情)에 자리잡은 그 소리는 많은 의미를 담고 있다. 세월이 지나면서 사람살이의 일반적인 생리와 삶의 속내를 뻔히 알게 되는 나이가 되어도 저 소리는 무언가 의미 있게 다가오는 게 사실이다.

　시인은 까치 소리를 특색 있는 의성어를 사용해 "까작까작 짖는"으로 표현했다. 까치 소리를 듣지 않은 사람이 별로 없겠지만 이러한 소리는 단박에 우리의 상상을 자극한다. 이 소리가 몰고 오는 것들에 주목하면 시인이 말한 "냉방에서/ 뜬눈으로 밤새운/ 내 가슴앓이"에서 화자가 처한 내면의 풍경을 짐작하게 된다. 이는 "당신 생각에/ 명치 끝에 이는/ 바람 소리"로 전이되는 까치 소리의 사연과도 관계가 깊을 것이다. 어쨌든 화자의 쓰린 심사가 자연의 소리와 묘하게 공명되어 독자에게 스산한 울림을 준다. 이런 작품의 시편들이 이번 시집을 가득 메우고 있다.

말라비틀어진 겨울 그루터기
송두리째 뽑혀 나가고
아직 겨울 부스러기
엉거주춤 남아 있는 맨땅으로
꽃모종들이 상자에 담겨 막 도착했습니다

유치원 아이들 입학식처럼
올망졸망 모여 앉아 낯설어합니다
반듯하게 줄 세워
자리 잡아 고이 앉히자
예쁜 얼굴에 방긋방긋 웃음입니다

안 골목 사글세 집까지 찾아와
진한 봄 향기 한 보따리씩
이사 선물로 들여놓으며
우리 오늘 까치공원으로 이사 왔어요
인사도 깍듯이 합니다

마실 갔던 까치 부부 달려와
인심 좋은 우리 동네로 이사 잘 왔다며
환영 인사가 떠들썩합니다

마을 가득 햇볕이 따스하게 퍼지고
골목마다 봄날이 활짝 웃습니다

- 「까치공원」 전문

이처럼 시집 전편에 흐르는 내면의 고독과 쓸쓸함
이 자연과 공명하면서 전해져 오는 울림은, 시인이
세상을 바라보는 기본적인 시선이 자연과 인간이 일
체가 되는 일원론적 사유 구조에 바탕을 두고 있기
에 그렇다.

가령 동심과도 같은 천진난만한 세계를 보여주는
「까치공원」에서 확연하게 드러난다. 상자에 담긴 꽃
모종들을 까치공원에 들여놓으면서 형상화하는 시
인의 상상을 보자. "마실 갔던 까치 부부 달려와/ 인
심 좋은 우리 동네로 이사 잘 왔다며/ 환영 인시가
떠들썩"하고 "마을 가득 햇볕이 따스하게 퍼지고/
골목마다 봄날이 활짝 웃"는 풍경은 사람과 자연이
서로 감응하면서 주고받는 평화로운 세계를 시인이
희구하고 있다는 평소 지론과 맞닿아 있다. 이 세계
에서는 폭력과 갈등이 생겨나지 않고, 각자 주어진
생명을 가꾸면서 다른 존재와 공존하려는 의지가 충
만하다. 시인이 평소 지니고 있는 사해동포의 세계

관이 이런 아기자기하면서도 정겨운 시심(詩心)으로 표현되어 나타난 것이다.

시가 시인이 자라온 생태환경과 무관하지 않은 사실은, 시인이 배우고 익힌 경험이 자신의 둘레가 지나온 시간과 문화의 영향을 강하게 받기 때문이다. 그러므로 보편적이고 이상적인 시적 세계라 할지라도 시인 특유의 체험에서 우러난 세계 인식이 스며들게 마련이다.

이런 점에서 본다면 김흥규의 시에는 도시 문화에 물들지 않고 평생 마음의 고향으로 여긴 자연과 합일되고 일체가 된 세계의 풍경이 고스란히 찍혀 있다. 한국인의 무의식적 심성에 가득 고여 있는 정감 어린 세계도 여기에 포함된다. 지난날 우리 사회가 산업화로 진입하면서 사라진 공동체 문화의 흔적이 그의 시에 추억처럼 서려 있다. 이런 풍경을 요즘 시대에 시로써 재현하는 일이 그리 쉽지가 않다고 본다면, 김흥규의 시편은 그런 점에서 의미와 중요성을 띠고 있다고 보아야 할 것이다.

밭일 나갔던 누나
보리쌀 치대 씻으러 정지문 들어서며
건넛산에 벌써 단풍이 물든단다

아이고 어쩌노
없는 사람 지내기는 더운 날이 낫는데
할머니 걱정에도 불이 붙는다

바람에 업혀 온 옆집 개성댁
곪아 터진 마음 생채기에 피딱지 겨우 앉고
뿌린 씨 꽃피우려 안간힘인데

올겨울 엄동설한엔
끼니 그르지 않고 따신 밥 먹을라나
아랫목 이부자리는 편할는지

이웃 걱정에
우리 할머니 가슴 다 타 버리고
한 줌 재만 남겠다

– 「단풍이 들 때면」 전문

「단풍이 들 때면」에서는 지금은 거의 사라진 공동체 문화의 단면을 보게 된다. 이 세계에서는 혈육과 정으로 뭉친 문화가 개인주의 문화보다 우월하고 높은 가치를 지닌다. '혈육'과 '정'으로 상징되는 공동체 문화가 야기하는 부정적인 요소도 무시할 수 없지만, 시인이 그리는 세계는 기억과 체험에서 발현된 따스한 시적 세계에 온기처럼 번지는 정다웠던

우리 삶의 요소이다. 궁핍했으면서도 이웃을 생각하고 위하는 마음씨가 넓게 가지런했던 시대의 일상 풍경을 유추할 수 있다. "바람에 업혀 온 옆집 개성댁"을 두고 "올겨울 엄동설한엔/ 끼니 그르지 않고 따신 밥 먹을라나/ 아랫목 이부자리는 편할는지" 걱정하던 "우리 할머니"에 대한 기억이 시인의 머릿속을 맴돌고 있는 작품이다. 그리고 기억 속 사람들의 이런 넉넉한 인심이 단풍이 드는 때 자연의 변화와 함께 버무려져 있다.

사람은 자연 속에서 자연의 변화와 함께 무르익어 가고, 그렇게 시간의 흐름에 온 생명을 내맡기면서 흘러가는 삶의 길에 비춰주는 자연의 빛과 그늘을 생각하지 않을 수 없는 것이다.

상강이 지나고
몇 차례 된서리 내린 아침
소슬바람
헐렁한 윗도리 안으로 들어와
온몸이 오싹하다

가지 끄트머리에서
아찔한 땅바닥으로 떨어지는
이파리들
붉게 멍든 아픔보다

가을을 떠나보내는 손이 슬프다

볕에 그을린 그늘
입었던 옷가지들 모두
훌훌 내려놓고
홀가분하게 앉아
내생을 꿈꾸며 삼매경에 든다

- 「가을을 보내다」 전문

　자연은 변화무쌍해서 늘 한 자리에 머물다가도 언제 그랬냐는 듯 허물을 벗고 새로운 속살을 키운다. 사시사철 시간이 거름처럼 우리에게 뿌리며 생장과 소멸을 거듭하는 세계다.
　봄 지나 여름과 가을이 찾아오면 존재의 알곡이 여문다. 하지만 그것도 잠시 "볕에 그을린 그늘/ 입었던 옷가지들 모두/ 훌훌 내려놓고/ 홀가분하게 앉아"버리는 것들이 지천에 떨어진다. 시인은 이를 이중적인 의미를 부여해 "내생을 꿈꾸며 삼매경에 든" 형상으로 표현했다. 나뭇잎도 삼매경에 들 때가 있겠다. 시인의 마음이 자연의 변화에 투사하는 한 방식이다. 이런 방식은 물아일체나 불이(不二) 사상과 같은 전통적이고 동양적인 자연관에 가깝다. '나'와 '너'가 둘이 아니고 한 몸, 한 마음이라는 사상에 기대면 철 따라 저마다 다른 옷을 입는 수목이나 사람이 다르지 않다. 한 생명과 마음으로 모두가 하나인 세계관의 투영이라고 보면 된다. 김홍규 시편의 이런 특징은 오랫동안 동양적이고 불교적인 사유와 마음의 결을 가지런하게 지녀 온 시인의 성품의 반영이라고 생각한다.

　　세속의 모진 바람에 절은 몸
　　안개 자욱한 무풍한솔로 들어서니
　　죄지은 양 위축된 몸 물먹은 솜 됩니다
　　간밤 솔잎이 꿴 은구슬 떨어질세라
　　영축산 초록 바람도 조심스레 흘러내립니다

　　도처에 허물어진 수많은 마음 마음들
　　황장목 팔 벌려 반기는 사이로
　　종종걸음으로 마음이 더 바쁩니다
　　대웅전 너른 품에 머리 꿇어 숙이고
　　헝클어진 마음의 뼈 단단히 곧추세우려 합니다

　　두 손 가슴에 모으고 기도를 합니다
　　세상 다 내 것으로 채우려고
　　비는 것이 아니라 이제부터 하나둘 비우겠다는
　　해 달라는 구걸이 아니라 하겠다는 선언이며
　　모자람에 불평 아니고 있음에 감사함입니다

우렁찬 범종 소리에 화엄 세계 깨친 듯합니다
무겁게 안고 있던 근심 모두 내려놓고
가부좌 풀고 일어나 일주문을 나섭니다
말씨는 뿌린 대로 마음씨는 심은 대로 삶이 달
라진다며
청류동천 말랑말랑한 물도 단단한 뼈 세웁니다

　　　　　　　　　－「기도하는 날」 전문


　김흥규 시가 붙들고 있는 단단한 줄기는 그리 번
잡하지 않고 중심을 잡은 채 존재를 향해 서슴없이
들어가는 마음의 표정일 것이다. 「기도하는 날」은
그러한 마음의 풍경을 잘 보여주는 작품이다. "세
상 다 내 것으로 채우려고／ 비는 것이 아니라 이제
부터 하나둘 비우겠다는／ 해 달라는 구걸이 아니라
하겠다는 선언이며／ 모자람에 불평 아니고 있음에
감사함입니다"라고 기도하는 시인의 마음을 상상
한다.

　'기도'는 믿음의 자리에서 절대자(혹은 불법)의 품
안에 들어가 마음을 완전히 비운 채 소원하는 대상
을 위하는 말을 건네는 행위다. 그래서 기도하면서
자신의 위신과 안녕을 구하는 일만큼 어리석은 일도
없다. 흔히 우리가 오해하듯이 자신의 건강과 부귀

공명을 바라는 기도는 엄밀히 말해 기도라기보다는 세속적인 바람에 지나지 않다. 기도 또한 명상의 일종이며, 이 명상을 통해 자신의 마음에 달라붙어 있는 번잡한 욕망과 번외를 말끔하게 씻어버리는 것이다. 시인은 "말씨는 뿌린 대로 마음씨는 심은 대로 삶이 달라진다"고 하면서 "헝클어진 마음의 뼈 단단히 곧추세우려" 한다. 이 "마음의 뼈"야말로 기도하는 주체가 지녀야 할 소중한 덕목이며, 어디에도 흔들리지 않고 자신에게 주어진 길을 묵묵히 걸어가는 인간의 태도일 것이다. 이렇듯 시인은 자칫 흐트러지기 십상인 마음을 바로잡으면서 자연과 하나되는 삶을 구하고 실천한다.

현대인의 일상에서 볼 수 있는 조급함과, 세련된 듯 허술한 마음의 태도는 경쟁과 욕망의 속도전에서 비롯하는 현대 문화의 양상이다. 경쟁에 뒤처지지 않기 위해 마음의 여유를 지닐 틈도 없이 생업의 현장에서 벌어지는 물질적 이득을 위한 몸부림은 그것의 긍정적인 요소와 함께 부정적인 그늘을 드리운다. 수많은 사람들이 자신의 행복을 찾기 위해 동분서주하지만 정작 허탈함과 고독감에 쉽사리 마음을 내어 준다.

이러한 현대인의 실존적 허무함은 사실 20세기에 접어들면서부터 가속화된 기술문명이 발전할수록 점점 깊어갈 뿐이다. 이와 연동되어 자연과 생태계 파괴 및 위기는 오늘날 거의 모든 사람들이 받아들이고 있는, 인간과 자연의 공존을 위해 위기의식과 경각심을 심어주었다.

그러나 이윤과 물질적인 재화 획득을 최고의 가치로 삼고 있는 신자유주의 체제가 지배하는 세계에서 잃어버린 자연과 생태계를 되살리는 일은 요원할 뿐이다. 뜻 있는 사람들의 지속적인 노력과 함께 시인을 비롯한 문화예술인들의 줄기찬 노력이 더해져 위기에 빠진 오늘날의 생명공동체 회복을 위한 더딘 발걸음을 내딛고 있는 현실이다.

김흥규 시인의 생활 공간은 바다와 산이 물결처럼 이랑처럼 겹겹이 흐르고 있는 곳이다. 그가 자연과 함께 벗 삼아 지금은 잃어버린 농경 공동체의 기억을 고스란히 간직하면서 시로써 형상화된 풍경을 보면, 근래 총체적인 생태계 위기의 한복판에 위험하게 놓여 있는 우리에게 전해주는 메시지가 여간 중요하지 않다. 특히 이번 시집에서 그런 시편들이 여럿 보여 눈길을 끈다.

한아름 넘는 붉은 해
서산 넘어가고
신작로에 어둠사리 깔리면
종일 수고한 식구들 다 모입니다

피로가 묻은 먼지 툭툭 털고
엄청 오래 못 본 듯 반기며
환한 얼굴로 둘레상에 자리잡고
따뜻한 식사를 합니다

텃밭에 나풀대는 상추 한소끔
푸른 하늘 동그랗게 가둔 우물 속
첨벙 두레박 드러누운 참물로 헹궈
빡빡장에 쌈을 싸 피곤도 달게 넘깁니다

멀고 아득했던 길 위로
종일 따라다닌 그림자 접어
아랫목에 포근히 누이고
알토란 같은 꿈을 주워 담습니다

　　　　　　－「우리는 행복합니다」 전문


　위 시에서 옛날 밥상머리에 둘러앉아 저녁을 먹는
평화로운 풍경을 떠올리지 않는 사람은 없을 것이
다. 위 시는 현재 시인의 일상의 단면을 적나라하게
보여준다. 하지만 마치 오래 전 산업화에 접어들기

전 평화로운 시골 어디라도 볼 수 있는 광경인 것처럼 현대 도시 문화와 다른 모습처럼 보인다.

이 작품에서 묘사한 가족의 저녁상은 온 나라가 하나의 도시처럼 변모된 상황에서 보통 시민들이 체험하기 힘든 장면이다. 시인이 자연 속에서 살아가기 때문에 가능한 풍경이다. "환한 얼굴로 둘레상에 자리잡고/ 따뜻한 식사를" 하는 가족의 따뜻한 정과 사랑은, 독거인이 기하급수적으로 늘어나고 있는 오늘날의 한국 사회와는 오히려 낯설게 느껴진다. 각자 제 일을 마치고 저녁이 되어 밥상머리에 둘러앉아 자연이 제공한 반찬으로 끼니를 맛있게 해결하는 그림에서 오래 전 우리들이 가난하지만 서로 믿고 의지하면서 살았던 공동체의 단면이 엿보인다.

시인에게 행복이란 그리 멀지 않은 곳에 있다는 사실을 위 시에서 확인하게 된다. 여기서 "우리"는 시인을 포함한 시인의 가족을 말한다. 하지만 범위를 넓히면 서로 척지지 않고 서로를 위하는 마음이 가득한 인류 공동체로 이해해도 될 것이다.

우리가 행복해지기 위해서 필요한 덕목은 무엇인지 생각한다. 시인은 시를 쓰는 사람이지만, 시를 쓰는 일만큼 자신이 속한 모든 생명들을 아끼고 위하는 마음을 한결같이 지니는 존재이다. 이런 소박하고 정갈한 마음씨로 하여금 김흥규 시인에게 끊임없이 시심(詩心)을 부여한다.

어릴 적 냇가에서
송사리 몇 마리 담아 오는
고무신 속에서
오골오골 꿈도 참 많았습니다

황토고개 넘어
운동화 끈 졸라매고
책 보따리 무겁게 먼 길 걸으며
희망도 높이 키웠습니다

말쑥한 양복 입고
구두창 닳도록 넓은 세상 달리고
땀에 젖어 귀가하면
가족들 웃음이 따뜻했습니다

오늘은 노을 등지고 앉아
낡고 해진 흰 고무신 속
강마른 몸 내려놓고
하염없이 먼지만 털고 있습니다

– 「헌 신발」 전문

누구나 나이가 들면 어릴 때의 기억이 새록새록 돋는 법이다. 어떤 삶을 살았건, 혹은 어떤 배경과 환경에서 자랐건 상관없이 세월의 저편에서 돋아나는 기억의 한 귀퉁이를 더듬으면 찾아오게 되는 아련함과 그리움의 정서를 생각한다.

철모르고 뛰어놀던 어린 시절과 청년을 지나 정신없이 뛰어다니며 가족을 부양해야 했던 장년 고개를 넘어 찾아오는 노을 같은 시간대에 접어든 사람이라면 문득 위 시에 나오는 풍경을 이해할 것이다. 꿈과 희망 하나만을 생각하며 달려온 젊은 시절도, 세상 못할 일이 없을 것처럼 기개와 포부심이 남달랐던 청춘의 푸르렀던 시절도 보내고 맞이하는 지금 이때, "오늘은 노을 등지고 앉아/ 낡고 해진 흰 고무신 속/ 강마른 몸 내려놓고/ 하염없이 먼지만 털고 있"는 화자의 쓸쓸한 내면 심사(心思)를 떠올린다.

나면서 자랄 때까지 시인을 위해 기도하고 힘써 주던 모든 피붙이와 사람들도 어느덧 강물처럼 흘러갔다. 자연으로 돌아와 번잡한 세상사 뒤로 한 채 자연과 하나되어 살고 있는 시인에게 기억은 오래도록 과거를 재생하면서 그 속으로 시인의 마음을 뉘게 한다. 눈 감으면 보이는 고향 산천의 풍경과, 눈 감으면 들리는 어릴 적 부모님과 동무들의 환한 말소리를 생각하면 세상 살다가도 모를 진실 하나 발견하기도 한다. 무엇이 삶의 보람이요 목적일까, 하는 물음이다. 시인이 한평생 살면서 겪었던 모진 세상사의 진실과 의미도 결국 이해하지 못할 세계의 한 조각 풍경일 뿐이다.

가지 끝을 스쳐가며
비밀스런 그 소리

귀찮은 짜증일까
기쁜 노래일까

오늘도 나는
깨치지 못했네

— 「바람 소리」 전문

"오늘도 나는/ 깨치지 못했"다는 소회를 시인은 밝힌다. 오랜 연륜과 경험에도 알 수 없는 것이 있다. 인간이 지닌 유한한 존재성 때문인지도 모르겠다. 김홍규 시인이 지금까지 잃지 않고 지녔던 생각과 마음 자락이 이번 시집에서 농익은 듯 묘연한 정

조를 만들어 낸다.

바람이 지나가는 길을 따라가다 보면 보일 듯했던 생의 비밀이 바람이 지척에 불어올 때조차 알아보지 못하고 지나치는 경우가 얼마나 많은가. 그래서 인식의 깊이와 너비에 관계 없이 선사나 조사들은 다만 마음을 홀가분하게 비우라고만 말했는지도 모르겠다. 모든 것이 허무요 공일 따름이니 알려고도, 그렇다고 모른 척도 하지 말고 마음이 흘러가는 데로만 의식을 맡기는 수밖에 없는지도 모르겠다.

시인은 자연과 일체가 되는 삶을 살면서 물질에 대한 욕심을 버리고 오로지 시의 언어를 경작하는 데 힘써 왔다. 이번 시집도 그런 말 농사의 수확이다. 흙과 강물과 초목들 사이에서 자라난 시인은 이제 삶의 속내를 열어보고 알게 된 진실 하나를 발견한 듯하다.

시는 존재의 비밀을 열어젖히는 언어의 수단이다. 모든 시가 그런 건 아니지만 어떤 시는 우리 삶의 비밀과 존재의 속살을 어루만져 주기도 한다. 이런 시 언어가 풍성한 가을의 곡식처럼 놀빛 같은 황금색이 출렁거리는 산그늘에 촘촘히 박혀 있다는 사실을 이번 시집을 읽으며 알게 되었다.

자연은 인간을 살찌우게 하며 인간의 생각과 마음
을 풍요롭게 한다. 김흥규의 시편은 그런 진실 한
자락 우리에게 일깨운다.

# 물결무늬

**초판인쇄 |** 2025년 9월 25일
**초판발행 |** 2025년 9월 30일
**지 은 이 |** 김홍규
**펴 낸 곳 |** 빛남출판사
**등록번호 |** 제 2013-000008호
**주    소 |** 부산시 사하구 감천로21번길 54-6
         **T.**(051)441-7114   **E-mail.**wmhyun@hanmail.net

ISBN 979-11-94030-25-6(03810)

값 12,000원.


＊ 이 시집은 한국예술인복지재단 〈예술활동준비금지원사업〉의 지원을 받아
   제작하였습니다.
ΛΛ/ 한국예술인복지재단